# LAS MUJERES EMPRENDEN

## Manual para crear tu empresa

LAS MUJERES EMPRENDEN: MANUAL PARA CREAR TU EMPRESA
© 2023, MÓNICA ANDRADE (MONÁR)
PUBLICADO POR ARTEK FUTURA
ESPAÑA
PRIMERA EDICIÓN
EDITADO POR SARA C. GUZMÁN

El objetivo de este libro es inspirar a que cada vez haya más mujeres emprendedoras en el mundo y que puedan alcanzar su independencia y libertad financiera, llegando a ocupar más puestos directivos, gerenciales y de liderazgo, para que la desigualdad de género sea erradicada, poco a poco, de nuestra sociedad.

Confieso que soy gran admiradora de Shakira y su más reciente hit me inspiró a realizar este libro. Mi nombre es Mónica Andrade, mejor conocida como Monár y desde hace 10 años tengo la gran bendición de vivir de lo que amo, dirigiendo mi propia empresa de marketing llamada Artek Futura. Soy emprendedora, artista y productora musical y con este libro quiero compartir lo poco o mucho que he aprendido en mi camino, pretendiendo brindar herramientas que acorten la ruta hacia un verdadero emprendimiento de éxito.

Este libro lo dedico a todas las mujeres valientes, con grandes sueños, que les gusta desafiar obstáculos y cambiar el mundo. Agradezco a mi familia por siempre apoyarme, a mi pareja, a Dios y a todas las personas que han formado parte de la comunidad de Artek en estos 10 años de aventura.

Con cariño, *Monár*

Escanea si quieres saber más sobre mi :)

 soymonar

 soymonar      http://artekmarketing.com

*¡Bienvenida al mundo del emprendimiento femenino!*

Este libro es un manual completo para mujeres que quieren iniciar su propio negocio o mejorar el que ya tienen. En estas páginas, descubrirás ideas de emprendimiento únicas y creativas para diferentes industrias y aprenderás cómo crear una marca exitosa para tu negocio, desde estrategias y herramientas prácticas para generación de un nombre memorable y de alto impacto, hasta cómo posicionarlo en redes sociales a través de una estrategia de contenidos.

También te enseñaré cómo elaborar un plan de negocios que permita alcanzar tus objetivos y cómo acceder a programas de financiamiento especialmente diseñados para emprendedoras. Te compartiré un listado de entidades, organizaciones y empresas que se dedican a brindar financiamiento y apoyo a emprendimientos de mujeres.

Además, tendrás acceso a los secretos y tips inspiradores de emprendedoras exitosas que han recorrido grandes caminos. Desde mujeres que han logrado construir imperios empresariales hasta aquellas que han encontrado el éxito en pequeños negocios locales, encontrarás una gran variedad de historias y experiencias que te inspirarán a perseguir tus propios sueños.

Este libro está diseñado para ser una guía práctica que te ayudará a superar los desafíos que enfrentan las emprendedoras en el mundo de los negocios. ¡Prepárate para convertir tus ideas en realidad!

También, encontrarás acceso a una comunidad de mujeres emprendedoras, donde tendrás apoyo mutuo. Esta comunidad es un lugar donde las lectoras pueden compartir sus experiencias, recibir retroalimentación y consejos para crecer.

Te invitamos a unirte a nuestro grupo de Facebook, diseñado para apoyarnos todas en este camino. Búscalo cómo:

*"Las Mujeres Emprenden."*

Te invito también a seguirnos en nuestro canal de Youtube y Twitter en donde podrás seguir recibiendo tips y contenidos de utilidad para el camino hacia crear tu negocio.

▶️ @lasmujeresemprenden

🎵 @lasmujeresemprenden

🐦 @mujemprenden

CAPÍTULO 1

# EL ADN DE LA MUJER EMPRENDEDORA

## El emprendimiento y su importancia para la mujer

El emprendimiento se refiere a la capacidad de crear, desarrollar y hacer crecer un negocio o proyecto, asumiendo los riesgos y responsabilidades que esto conlleva.

El emprendimiento no solo es una actividad económica, sino que también puede ser una fuente de realización personal y profesional.

Es especialmente importante para las mujeres, ya que nos permite acceder a nuevas oportunidades y alcanzar independencia financiera. Las emprendedoras también tenemos la capacidad de influir en la sociedad y en nuestro entorno, generando empleo y contribuyendo al crecimiento económico.

En muchos países, las mujeres enfrentamos desafíos y barreras para acceder a trabajos remunerados y a puestos de liderazgo en empresas. El emprendimiento es una manera de superar estas barreras y de crear nuevas oportunidades.

También puede ayudarnos a equilibrar nuestra vida personal y profesional, permitiéndonos trabajar desde casa y tener flexibilidad de horario. Además, podemos crear empresas que se adapten a nuestras necesidades y valores, lo que permite tener un mayor control sobre nuestra carrera profesional y nuestra vida personal.

La mujer emprendedora tiene una serie de características y habilidades que la hacen única y especial en su camino hacia el éxito. A continuación, mencionaremos algunas de ellas:

*Creatividad:* Las mujeres emprendedoras suelen ser muy creativas e innovadoras, lo que les permite encontrar soluciones originales a los problemas y crear productos y servicios únicos.

*Determinación:* La determinación es una cualidad fundamental en el emprendimiento, y las mujeres suelen tener una gran capacidad de perseverancia y resistencia ante los desafíos.

*Empatía:* De igual manera, suelen tener una gran empatía y capacidad de comprensión hacia los demás, lo que les permite entender las necesidades de su mercado y crear productos y servicios que satisfagan esas necesidades.

*Comunicación:* La habilidad de comunicación es esencial en el emprendimiento, y las mujeres suelen ser muy buenas comunicadoras, lo que les permite conectarse con su audiencia y transmitir su visión de manera efectiva.

*Colaboración:* Otro aspecto esencial es que las mujeres suelen ser muy colaborativas y están dispuestas a trabajar en equipo para lograr sus objetivos. Esto les permite crear redes de apoyo que les ayudará en su camino hacia el éxito.

"*Cuando todo parece ir en tu contra, recuerda que el avión despega con viento en contra, no a favor*"

*-Henry Ford*

## *Querer es poder*

Aquí te presento algunas estadísticas motivadoras para animarte a iniciar tu propio emprendimiento:

1-Según un estudio de American Express, las mujeres poseen el 42% de todos los negocios en Estados Unidos, y han generado más de 2,3 billones de dólares en ingresos en el 2018.

2- Global Entrepreneurship Monitor revela que las mujeres son más propensas a iniciar negocios en países de ingresos bajos y medios. En países como Uganda y Vietnam, las mujeres emprendedoras superan en número a los hombres.

3- Un estudio de BNP Paribas informa que las empresas fundadas o co-fundadas por mujeres generan en promedio un 20% más de ingresos que las empresas fundadas únicamente por hombres.

4-Según el informe "El Estado del Emprendimiento Femenino 2019" de Women's Entrepreneurship Day, las mujeres emprendedoras están liderando la creación de empresas en sectores de alta tecnología, con una tasa de crecimiento del 58% en comparación con el 46% de los hombres.

5- Dell Technologies compartió en sus estudios que las mujeres emprendedoras tienen una mayor tendencia a integrar la responsabilidad social y la sostenibilidad en sus empresas, lo que las convierte en líderes más conscientes y comprometidas.

6-The Guardian reveló que las emprendedoras tienen una mayor tendencia a colaborar con otras mujeres empresarias y a ofrecer apoyo y mentoría a otras mujeres en el mundo empresarial.

7-Según American Express, las empresas fundadas por mujeres tienen una tasa de éxito mayor que las empresas fundadas por hombres, con una tasa de supervivencia del 70% después de 5 años, en comparación con el 64% de las empresas fundadas por hombres.

Estas estadísticas demuestran que el emprendimiento femenino es un motor económico importante y que las mujeres tienen una capacidad única para crear empresas sostenibles y responsables. ¡Así que anímate a emprender y haz realidad tus sueños empresariales!

CAPÍTULO2

# IDEAS CREATIVAS DE EMPRENDIMIENTO Y TENDENCIAS

*Cuando una buena idea resuelve una necesidad,*
*se convierte en una oportunidad de negocio.*

Si ya tienes tu idea de negocios definida, puedes saltar al siguiente capítulo, sin embargo, un buen coctel de ideas frescas no le viene mal a nadie.

En esta sección del libro, se proporcionarán diferentes técnicas y herramientas para ayudarte a generar ideas innovadoras, que solucionen problemas reales y llevados a la acción se conviertan en un proyecto sólido.

## *Identificación del problema y posibles soluciones*

La investigación de problemas es un proceso mediante el cual se identifican y analizan necesidades en un mercado o industria específica. El objetivo de esta investigación es entender las dificultades y desafíos que enfrentan los clientes potenciales y cómo pueden ser resueltos.

Comenzaremos por explorar problemáticas actuales que se presentan en diferentes industrias, para posteriormente generar ideas, abordarlas y convertirlas en proyectos de negocio.

## *Industria Gastronómica*

## Problemáticas

La industria gastronómica es una de las más afectadas por la pandemia, ya que muchos restaurantes y bares tuvieron que cerrar sus puertas debido a las restricciones de distanciamiento social. Sin embargo, ahora la demanda de comida para llevar y entregas a domicilio ha ido en aumento.

Otra problemática en esta industria es la competencia cada vez más feroz entre los establecimientos, ya que cada vez son más los restaurantes y bares que ofrecen conceptos nuevos y soluciones prácticas de delivery. Esto ha llevado a una caída en los precios y una avalancha de promociones y menús cada vez más atractivos.

Además, el aumento en los costos de los insumos y la necesidad de adaptarse a los cambios en la demanda han causado el incremento en los precios de los menús, lo que ha afectado claramente la rentabilidad de los negocios.

De igual manera, la falta de acceso a financiamiento y la dificultad para obtener préstamos, ha sido una problemática para muchos negocios de la industria gastronómica, especialmente para los pequeños negocios que no cuentan con una gran base de capital.

*Industria Gastronómica*

## Ideas de negocio

*Red social para Foodies o Chefs:* Una plataforma social en donde los foodies hagan su perfil y puedan publicar sus reseñas sobre los mejores platos que cocinan, ó restaurantes que visitan.

*App de delivery en el metaverso:* App en donde los usuarios puedan visualizar el menú en realidad virtual (VR) y ver los platillos en 3D, ordenar y recibirlo en casa desde el metaverso, u otro dispositivo.

*Restaurante temático:* Ofrece una experiencia única a los comensales alrededor de una temática en particular, como por ejemplo: un restaurante inspirado en un país, una época, una película o un personaje famoso.

*Comida saludable a domicilio:* Un servicio de entrega de alimentos saludables a los hogares y a empresas, diseñados por nutriólogos y chefs experimentados, para ayudar a las personas a mantener una alimentación saludable en su día a día. Un area de oportunidad es la atención especializada a diabéticos y problemas en general de salud como el colesterol, así como personas de la tercera edad, cubriendo sus necesidades gastronómicas y calóricas.

*Restaurante sostenible:* Ofrece opciones de alimentos y bebidas sostenibles, utilizando ingredientes locales, orgánicos y de temporada. También puede tener prácticas de sustentabilidad en la gestión de residuos y energía.

*Industria Tecnológica*

## Problemáticas

*Brecha de habilidades digitales:* Con la rápida evolución de la tecnología, muchos trabajadores carecen de las habilidades digitales necesarias para competir en un mercado global cada vez más tecnológico.

*Protección de datos:* La privacidad de los datos personales se ha vuelto una preocupación, cada vez más importante, debido a la cantidad de información que se comparte en línea.

*Competencia:* La industria tecnológica es altamente competitiva, con empresas de todo el mundo apuntando al mismo mercado.

*Desigualdad de género y diversidad:* La industria tecnológica a menudo carece de representación de mujeres, minorías étnicas y otros grupos subrepresentados, lo que limita la innovación y la creatividad.

*Industria Tecnológica*

## Ideas de negocio

*App para la gestión de residuos tecnológicos:* Con la creciente cantidad de dispositivos electrónicos desechados, una aplicación que permita a las personas y empresas reciclar y desechar sus dispositivos de manera responsable podría ser una solución valiosa.

*Solución de eficiencia energética para el hogar:* Con la conciencia en aumento sobre el cambio climático y la necesidad de reducir el consumo energético, un dispositivo que controle y optimice el consumo de energía en el hogar podría ayudar a ahorrar dinero en las facturas.

*Plataforma de Realidad Virtual para Entrenamiento de Empleados:* Una plataforma de realidad virtual que permita a las empresas entrenar a sus empleados en diferentes habilidades. Esto podría ser particularmente útil para trabajos que requieren entrenamiento especializado, como la medicina, la industria de la construcción, y el sector aeroespacial.

*Asistente Virtual para Empresas:* Una plataforma que ofrezca servicios de asistente virtual a empresas de todos los tamaños. Los servicios podrían incluir responder correos electrónicos, programar citas, manejar las redes sociales, y otras tareas administrativas.

*Servicios de Seguridad Cibernética para Pequeñas Empresas*: Muchas pequeñas empresas no tienen el presupuesto para contratar a un equipo de expertos en seguridad cibernética, lo que las hace vulnerables a los ataques online. Ofrecer servicios de seguridad virtual asequibles y personalizados para pequeñas empresas podría ser una oportunidad de negocio lucrativa.

*Tecnología de Diagnóstico Médico:* Una tecnología de diagnóstico médico que utilice inteligencia artificial para analizar imágenes y datos médicos. Esto podría ser útil para detectar enfermedades en una etapa temprana y para mejorar la precisión de los diagnósticos médicos.

*Industria de la Salud*

## Problemáticas

*Aumento de costos:* El costo de la atención médica ha aumentado significativamente en los últimos años, lo que ocasiona que sea más difícil para las personas obtener atención médica de calidad.

*Falta de accesibilidad:* Muchas personas, especialmente en áreas rurales o de bajos ingresos, tienen dificultades para acceder a servicios médicos adecuados, sobre todo en países en vías de desarrollo.

*Desigualdad de atención:* La atención médica no es igual para todas las personas, especialmente para las minorías y las personas de bajos ingresos.

*Ineficiencias en la gestión de datos:* La industria de la salud a menudo se enfrenta a desafíos para gestionar y compartir información de manera eficiente, lo que puede afectar la calidad de la atención médica.

*Escasez de profesionales de la salud:* La falta de profesionales de la salud, como médicos y enfermeros, puede dificultar la atención a una población en aumento.

*Industria de la Salud*

## Ideas de Negocio

*Plataforma de telemedicina:* para pacientes y médicos, que permita la atención y seguimiento a distancia.

*Dispositivos de monitoreo médico portátiles:* Dispositivos que monitorean de forma no invasiva las señales vitales y otros indicadores médicos. Esto podría ser útil para personas con enfermedades crónicas o para pacientes en recuperación que necesiten monitoreo continuo.

*Tecnología de impresión 3D de prótesis:* Una tecnología de impresión 3D que permita la creación de prótesis personalizadas y económicas para personas con discapacidades. Esto podría ser particularmente innovador para países en desarrollo donde los costos de las prótesis son muy elevados.

*Sistemas de gestión* de registros médicos electrónicos para facilitar el acceso y la seguridad de la información.

*Servicios de terapia en línea:* Una plataforma de terapia en línea que permita a los pacientes conectarse con terapeutas y profesionales de la salud mental en línea. Esto sería valioso para personas que no tienen acceso a terapia tradicional o que prefieren la privacidad de la terapia en línea.

*Industria Turística*

## Problemáticas

*Sostenibilidad:* La sostenibilidad es una preocupación creciente en la industria turística. La necesidad de equilibrar la satisfacción del turista con la protección del medio ambiente y la cultura local puede ser un desafío.

*Cambios en los patrones de viaje:* Los patrones de viaje han cambiado significativamente debido a la pandemia de COVID-19, lo que ha afectado negativamente a la industria turística.

*Innovación tecnológica:* La tecnología está cambiando la forma en que la gente viaja y reserva alojamiento, lo que puede representar un desafío para las empresas más tradicionales.

*Regulaciones gubernamentales:* Estas pueden ser un desafío para las empresas turísticas, especialmente en áreas como la seguridad y la protección del consumidor.

*Fidelización de clientes:* El turismo es un sector muy estacional y los retos asociados a la fidelización de clientes pueden ser significativos, especialmente en regiones donde los visitantes regresan cada temporada.

*Industria Turística*

## Ideas de Negocios

*Alquiler de objetos para viaje:* Muchas veces los viajeros necesitan objetos para su viaje, pero no tienen la capacidad de transportarlos. Un servicio de alquiler de objetos, como cámaras, drones, bicicletas, instrumentos musicales o equipo de acampada, puede ser muy útil para este segmento.

*Guías de viaje virtuales:* Una guía de viaje digital, en realidad virtual o en el Metaverso, que permita conocer los lugares turísticos de una ciudad sin la necesidad de estar presente. También puede ofrecer recomendaciones personalizadas y un tour virtual de la ciudad para los visitantes.

*App para organizar itinerarios:* Una aplicación que les permita a los viajeros ingresar las fechas de su viaje, sus intereses y preferencias para crear un itinerario personalizado con recomendaciones de actividades y lugares para visitar.

*Servicio de guías turísticos en línea:* Un servicio que permita a los turistas conectarse con guías locales y recibir recomendaciones personalizadas sobre actividades, destinos, restaurantes, ofertas actualizadas, eventos y otras experiencias.

*Turismo accesible:* Ofrecer experiencias turísticas accesibles para personas con discapacidades físicas, incluyendo alojamiento, transporte y actividades adaptadas a sus necesidades.

*Industria educativa*

## Problemáticas

La industria educativa enfrenta una serie de problemas actuales, incluidas la disminución de los fondos gubernamentales, el aumento de los problemas de seguridad, la falta de recursos para los estudiantes, el tamaño de las clases, la falta de financiamiento, el aumento del aprendizaje remoto, preocupaciones por la equidad, la salud y seguridad de los estudiantes. Estos problemas están relacionados entre sí y requieren soluciones a largo plazo.

*La competencia* para ofrecer los mejores servicios educativos también ha aumentado, lo que ha dado lugar a la necesidad de encontrar soluciones EdTech modernas para hacer que las clases sean más motivadoras.

*La pandemia de Covid-19* también está creando problemas para los educadores, como desequilibrios entre la eficiencia, el ritmo de aprendizaje, la calidad y la experiencia educativa en general.

*Déficits en los fondos gubernamentales* para las escuelas han hecho que los problemas financieros vayan en aumento.

*Industria educativa*

## Ideas de negocios

*Plataformas de educación a distancia:* Estas plataformas permitirían a los profesores impartir cursos a distancia y proporcionar acceso a contenido de educación superior a estudiantes de todo el mundo. Los estudiantes podrían tener la flexibilidad de estudiar desde casa, mientras que los profesores podrían impartir clases sin tener que viajar.

*Aplicación de gamificación educativa:* Una aplicación de gamificación educativa que combine el aprendizaje con elementos lúdicos, utilizando juegos y desafíos para hacer más atractiva y efectiva la enseñanza de diversos temas y habilidades.

*Plataforma de aprendizaje social en línea:* Una plataforma de aprendizaje social en línea que permita a los estudiantes conectarse y colaborar con otros estudiantes de todo el mundo, creando una comunidad de aprendizaje global.

*Soluciones de aprendizaje a través de la realidad virtual:* Que permitan a los estudiantes experimentar situaciones y escenarios de aprendizaje realistas, mejorando su comprensión y habilidades prácticas.

*Plataforma de tutorías en línea:* Una plataforma que conecta a estudiantes con tutores en línea que les brinden apoyo académico y asesoramiento personalizado.

*Servicios de consultoría y asesoramiento educativo:* Una empresa que brinda servicios de asesoramiento y consultoría educativa a estudiantes y familias, ayudándolos a elegir la mejor opción educativa para sus necesidades y objetivos.

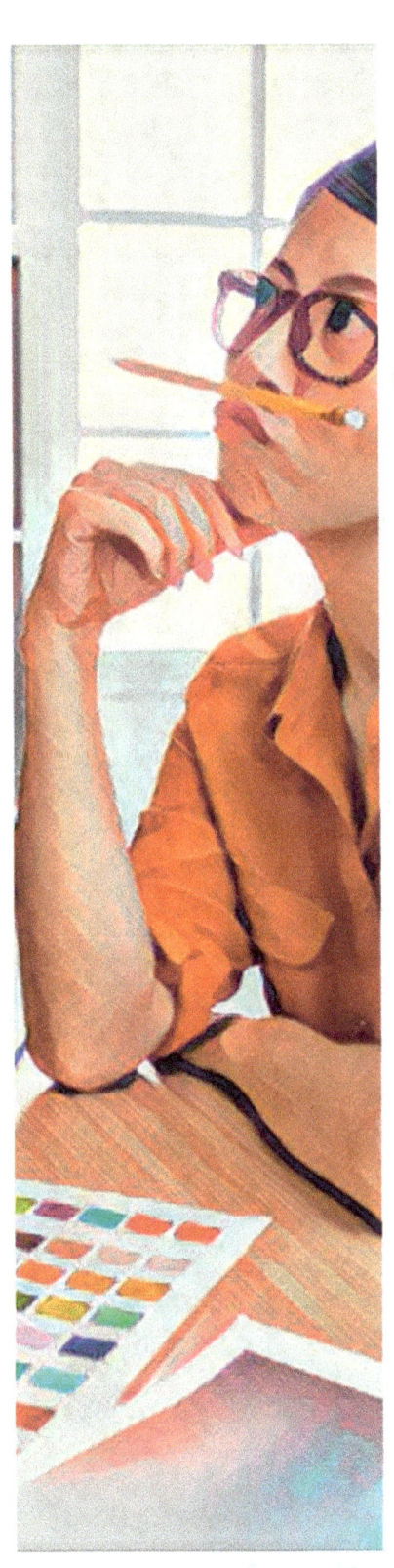

# CAPÍTULO 3

# BRANDING: ELIGIENDO EL NOMBRE PARA MI MARCA

## Eligiendo mi nombre de marca

Cuando creamos una marca o un negocio, es esencial elegir un nombre que represente nuestra identidad y sea memorable para el público objetivo. En este capítulo, vamos a explorar los pasos que podemos seguir para crear un nombre que destaque en el mercado.

El primer paso es conocer nuestro nicho y mercado meta. Si entendemos a quién nos dirigimos, podemos elegir un nombre que conecte y les resulte atractivo. Por ejemplo, si estamos creando una marca de ropa deportiva para mujeres jóvenes, es importante que nuestro nombre refleje la energía y la juventud que caracteriza al público objetivo.

Una vez que tenemos claridad sobre la audiencia, podemos comenzar con el proceso de brainstorming de posibles nombres. Aquí es donde podemos utilizar herramientas de apoyo para hacernos más fácil el proceso. Por ejemplo, podemos utilizar generadores de nombres de marca, como **Namelix** o **BrandBucket**, que nos proporcionan una lista de posibles nombres basados en las palabras clave que ingresamos. También podemos utilizar herramientas como **Wordoid**, que nos ayudan a crear nombres únicos combinando diferentes palabras.

*Busca en Google los nombres de estas herramientas*

Otra metodología que nos puede ayudar es hacer un análisis de palabras clave. Podemos investigar qué palabras o términos están relacionados con nuestro nicho de mercado y utilizarlas para generar ideas de nombres. De igual manera podemos buscar sinónimos de estas palabras clave para obtener opciones adicionales.

Una vez que tenemos una lista de posibles nombres, es importante investigar si ya existen en el mercado o si alguien ya los ha registrado. Podemos utilizar herramientas como **Trademarkia, Namechk, Global Brand Database o Trademark View** para verificar la disponibilidad del nombre en diferentes plataformas y asegurarnos de que podemos utilizarlo legalmente.

Después de reducir nuestra lista de posibles nombres, podemos hacer pruebas para ver cómo suenan y cómo resuenan con nuestro público objetivo. Podemos pedir la opinión de amigos, familiares o incluso hacer una encuesta en línea para obtener una retroalimentación de un grupo más amplio de personas.

Ver la disponibilidad del dominio y registrarlo será un paso muy importante para tu selección de nombre. Una plataforma con los los precios más bajos de registro de dominio y que además cuenta con una herramienta de generación gratuita de logos es **Namecheap.**

namecheap

HERRAMIENTAS
DESTACADAS

namelix

Finalmente, cuando hayamos elegido nuestro nombre, es importante que lo protejamos legalmente ante una entidad gubernamental acudiendo a la oficina de registro de marca en tu país, por ejemplo la **OEPM en España, el IMPI en México, SIC en Colombia, INPI en Argentina**, entre otros. También podemos pedir ayuda de intermediarios como gestorías, despachos legales o agencias de marketing.

En conclusión, crear un nombre de marca es un proceso emocionante y desafiante, pero con los pasos adecuados y el uso de herramientas de apoyo como generadores de nombres, análisis de palabras clave y servicios de registro de marca, podemos crear un nombre que sea memorable y representativo de nuestra identidad para nuestro público objetivo.

"Una marca no es lo que vendes, es la historia que cuentas."

- Seth Godin

CAPÍTULO 4

# MI PLAN DE NEGOCIO:
# RUTA PARA EL ÉXITO

## Elaborando mi plan de empresa

En nuestro camino, hemos visto de cerca a muchas empresas tener éxito y fracasar. La diferencia entre estas dos situaciones es un plan de negocio sólido y bien elaborado.

Un plan de negocio es un documento que describe los objetivos de la empresa y cómo se alcanzarán. Es una hoja de ruta para los empresarios que desean iniciar un negocio o expandir uno existente. Elaborarlo puede ser un proceso complejo, pero existen herramientas que pueden facilitarlo. A continuación, te comparto algunas técnicas ampliamente reconocidas y útiles para crear tu *business plan*:

**Modelo Canvas:** Es una herramienta visual que nos permite describir la estructura de una empresa. El modelo Canvas está compuesto por nueve bloques: propuesta de valor, segmentos de clientes, canales, relación con los clientes, fuentes de ingresos, recursos clave, actividades clave, socios clave y estructura de costos.

Esta herramienta es muy útil para entender cómo funciona una empresa y cómo se relacionan los diferentes componentes de la misma. Te recomiendo una herramienta online que tiene planes gratuitos llamada **Miró,** la cuál cuenta con plantillas para elaborar tu *Business Canvas*.

**Análisis DAFO:** Esta herramienta se utiliza para analizar las fortalezas, debilidades, oportunidades y amenazas. Es una herramienta de análisis interno y externo que permite identificar los factores que pueden afectar el éxito de una empresa.

**Metas y objetivos:** Nuestras metas y objetivos deben estar claramente descritos en nuestro plan de empresa. Esto nos ayudará a centrarnos en lo que queremos conseguir y en cómo lograrlo.

**Plan de marketing:** El plan de marketing describe cómo se comercializará el producto o servicio de la empresa. Incluye la estrategia de precios, promoción, plaza y producto. Es importante tener un plan de marketing sólido para llegar a los clientes adecuados y generar ventas.

**Plan financiero:** El plan financiero es una parte crucial del plan de negocio. Describe cómo se financiará la empresa y cómo se usarán los recursos financieros. Incluye proyecciones financieras, como estados de resultados, balances y flujo de caja.

Además te recomendamos asesorarte con un gestor legal y contable de confianza para constituirte de la forma jurídica correcta y cumplir con las obligaciones de Hacienda Tributaria y Seguridad Social desde el principio. Esto te ahorrará muchos dolores de cabeza en el futuro.

**Plan de contingencia:** Un plan de contingencia, es un plan de acción para enfrentar situaciones inesperadas, como por ejemplo, una crisis económica o una pandemia. Es importante tener un plan de contingencia en caso de que algo salga mal.

Estas son algunas de las herramientas que recomendamos para elaborar un plan de negocio sólido. Es importante recordar que un plan de negocio es una hoja de ruta, no un documento estático. Debe ser actualizado regularmente para asegurarse de que siga siendo relevante y útil.

# CAPÍTULO 5

## PROGRAMAS DE FINANCIAMIENTO Y APOYO.

## ¿Cómo obtener financiamiento?

Obtener financiamiento para un nuevo negocio puede ser una tarea desafiante y algunas veces intimidante, pero hay una variedad de técnicas y herramientas que puedes utilizar para hacerlo posible. En este capítulo, exploraremos juntas algunas de las formas más efectivas de obtener financiamiento para tu nuevo negocio.

Antes de comenzar, es importante tener en cuenta que cada negocio es único, y lo que funciona para uno puede no funcionar para otro. Es esencial evaluar tus necesidades y determinar cuál es la mejor opción para ti.

Una de las formas más comunes de obtener financiamiento para un nuevo negocio es a través de préstamos bancarios. Los bancos ofrecen una amplia gama de opciones de préstamos para pequeñas empresas, desde préstamos garantizados hasta préstamos no garantizados.

Un préstamo garantizado requiere que pongas algo como garantía, como una propiedad o activo, mientras que un préstamo no garantizado, no lo requiere. Es importante tener en cuenta que los préstamos bancarios pueden ser difíciles de obtener, ya que los bancos suelen requerir un sólido historial crediticio y un plan de negocios bien estructurado.

Otra opción es buscar inversionistas. Esto implica buscar a personas o empresas que estén dispuestos a invertir en tu negocio a cambio de una participación en el mismo. Puedes encontrar inversionistas en ferias de inversión, grupos de ángeles inversores, o a través de plataformas en línea. Los inversionistas pueden proporcionar no solo financiamiento, sino también valiosos contactos y experiencia.

El *crowdfunding* es una forma relativamente nueva de obtener financiamiento para un nuevo negocio. Esta técnica implica reunir dinero a través de donaciones en línea de personas que creen en tu idea y están dispuestos a invertir en ella. Las plataformas de *crowdfunding*, como **Kickstarter** o **Indiegogo**, permiten a los empresarios crear campañas en línea para recaudar fondos y promover su negocio.

Otra opción es considerar el financiamiento colectivo. Esto implica que varias empresas se unan para financiar un proyecto conjunto, lo que puede reducir los costos y aumentar la eficiencia. Por ejemplo, una cooperativa puede ser una opción para pequeñas empresas en un área rural que necesiten financiamiento para un proyecto conjunto.

Además de estas técnicas y herramientas, también es importante considerar las subvenciones y préstamos gubernamentales. Muchos gobiernos ofrecen subvenciones y préstamos para pequeñas empresas, especialmente aquellas que buscan desarrollar tecnología o crear empleo.

Afortunadamente no estamos solas, hay una variedad de organizaciones, redes de inversión, empresas, entidades, colectivos, incubadoras, entre otros, que se dedican a brindar financiamiento a mujeres emprendedoras. A continuación, presentamos una lista de algunas de las opciones más relevantes:

*Latinoamérica y España:*

**WeXchange:** Es una plataforma de networking y financiamiento que conecta a mujeres emprendedoras de Latinoamérica y el Caribe con inversionistas y mentores. Ofrecen oportunidades de financiamiento a través de su programa de aceleración.

**Mujeres Empresarias de Argentina (MEA):** Es una organización sin fines de lucro que ofrece recursos y programas de financiamiento para mujeres emprendedoras en Argentina.

**Comunidad Mujer Chile:** Es una empresa chilena que se enfoca en apoyar a mujeres emprendedoras a través de capacitación, mentoría y acceso a financiamiento.

**Mujeres ASEM:** Programa de formación a mujeres emprendedoras en México que brinda acceso a conexión con inversionistas.

*\*Busca en Google los nombres de estas organizaciones*

**Red de Mujeres Empresarias del Ecuador (REDME):** Es una organización sin fines de lucro que ofrece recursos y programas de financiamiento para mujeres emprendedoras en Ecuador. También brindan capacitación y asesoramiento empresarial.

**Fondo Mujer Emprende Colombia:** Es una organización de gobierno que ofrece recursos, capacitación y financiamiento para mujeres emprendedoras en Colombia.

**Asociación de Mujeres Empresarias de Madrid (ASEME):** Es una organización sin fines de lucro que ofrece recursos, programas de financiamiento, subvenciones y asesoramiento empresarial para mujeres.

**Womenalia:** Es una plataforma de networking para mujeres emprendedoras que ofrece recursos, capacitación y acceso a financiamiento.

**Mujeres y Cía:** Es una empresa española que se enfoca en apoyar a mujeres emprendedoras a través de capacitación, mentoría y acceso a inversión.

**Finnovista:** Es una aceleradora de startups que se enfoca en apoyar a emprendimientos liderados por mujeres en Latinoamérica y España. Ofrecen mentoría, capacitación y financiamiento a través de su programa de aceleración.

*Internacional*

**Women's Business Center:** Es una organización sin fines de lucro que ofrece servicios de capacitación y asesoramiento a mujeres emprendedoras. También ofrecen préstamos a través de su programa de microcrédito.

**Women's Venture Fund:** Es una organización sin fines de lucro que ofrece préstamos, asesoramiento y mentoría a mujeres emprendedoras en Nueva York.

**SheEO:** Es una red de inversión que se enfoca en apoyar a empresas lideradas por mujeres. Ofrecen financiamiento y mentoría a través de su programa de aceleración.

**Women's Angel Investor Network:** Es una red de inversión de mujeres que invierte en empresas lideradas por mujeres en etapa inicial.

**Springboard Enterprises:** Es una organización sin fines de lucro que se enfoca en apoyar a mujeres emprendedoras en tecnología y ciencias de la vida. Ofrecen programas de aceleración y conexiones con inversionistas.

**Female Founders Fund:** Es un fondo de inversión que invierte en empresas lideradas por mujeres en etapa inicial.

**Astia Angels:** Es una red de inversión de mujeres que se enfoca a desarrollar líderes emprendedoras y brindarles herramientas para el crecimiento de su empresa.

**37 Angels:** Cooperativa que se enfoca en apoyar proyectos de mujeres emprendedoras a nivel global a través de mentorías e inversión.

**Golden Seeds:** Es una red de inversión de mujeres que invierte en empresas lideradas por mujeres en etapa inicial.

**Kiva:** Es una plataforma de crowdfunding que se enfoca en apoyar a mujeres emprendedoras en todo el mundo. Ofrecen préstamos sin intereses a través de su programa de microcrédito.

**The Helm:** Es una plataforma de inversión basada en Nueva York que se enfoca en invertir y desarrollar a mujeres emprendedoras de todo el mundo en etapa temprana.

**Cherie Blair Foundation for Women:** Es una organización sin fines de lucro que ofrece asesoramiento y financiamiento a mujeres emprendedoras en países en desarrollo.

**WeConnect International:** Es una organización sin fines de lucro que se enfoca en conectar a empresas lideradas por mujeres con oportunidades de negocios globales y financiamiento.

**Global Invest Her:** Es una plataforma de inversión en línea que se enfoca en dar visibilidad y capacitación a mujeres empresarias de todo el mundo.

**National Association of Women Business Owners (NAWBO):** Es una organización sin fines de lucro que brinda recursos, conexiones y defensa política para mujeres propietarias de negocios. También ofrecen acceso a préstamos y programas de financiamiento.

**SCORE.org:** Es una organización sin fines de lucro que ofrece asesoramiento gratuito a propietarias de pequeñas empresas. También ofrecen préstamos y programas de financiamiento.

**iFundWomen:** Es una plataforma de crowdfunding que se enfoca en apoyar a empresas lideradas por mujeres. Ofrecen mentoría, recursos y financiamiento a través de su plataforma en línea.

**Women's Investor Network (WIN):** Es una red de inversión que realiza eventos presenciales y virtuales de networking y capacitación para mujeres empresarias.

**The JumpFund:** Es una red de inversión que se enfoca en apoyar a empresas lideradas por mujeres en los estados del sur de Estados Unidos. Ofrecen financiamiento y mentoría.

**National Women's Business Council (NWBC):** Es un consejo asesor federal que se enfoca en mejorar las oportunidades y el éxito empresarial de las mujeres. También ofrecen recursos y programas de financiamiento.

**Women's Startup Lab:** Incubadora que se enfoca en apoyar a mujeres emprendedoras de empresas con base tecnológica. Ofrecen mentorías, capacitación y rondas para levantar capital.

**Women's Capital Connection:** Es una red de inversión de inversionistas ángeles que invierte en empresas lideradas por mujeres en etapa inicial. Ofrecen financiamiento y conexiones con inversionistas.

**Women's Entrepreneurial Opportunity Project (WEOP):** Es una organización sin fines de lucro enfocada en apoyar y financiar empresas fundadas por mujeres de color.

**Pipeline Angels:** Red de inversionistas ángeles y capital de riesgo inclusiva, que se enfoca en crear fondos para mujeres trans, cisgénero, no binarios, agénero, entre otras. Realizan campos de entrenamiento y eventos de *pitch*.

**Hera Capital:** Empresa que invierte en empresas orientadas a hacer la industria de la movilidad más sustentable.

¡Esperamos que esta lista sea útil!. Recuerda que existen muchas más opciones disponibles, por lo que es importante investigar y evaluar todas las oportunidades que puedan ser adecuadas para ti y para tu empresa.

CAPÍTULO 6

# MARKETING: MI MARCA EN EL MUNDO DIGITAL

En la actualidad, la mayoría de los consumidores buscan información en línea antes de tomar una decisión de compra. Por esta razón, es fundamental que tu negocio tenga una presencia sólida en el mundo digital y esté bien posicionado en los resultados de Google y otros motores de búsqueda. Esto te permitirá llegar a una audiencia más amplia, aumentar tus oportunidades de venta y generar mayores ingresos.

En este capítulo, exploraremos las diferentes estrategias de marketing digital que puedes implementar para mejorar la presencia de tu negocio en línea y lograr un posicionamiento destacado. Desde la optimización de motores de búsqueda (SEO) hasta la publicidad en línea, discutiremos las mejores prácticas para mejorar la visibilidad de tu negocio. Además, te presentaremos algunas herramientas útiles para monitorear y medir tu presencia web junto con algunos consejos prácticos.

*Tu sitio web*

Crear un sitio web es crucial para cualquier negocio en la actualidad. Tu página es una herramienta fundamental para establecer una presencia en línea, promocionar tus productos o servicios, y llegar a un público más amplio en todo el mundo. Además, puede mejorar la reputación y credibilidad de tu negocio, y proporcionar una plataforma para interactuar con tu público objetivo y clientes potenciales.

Aquí te comparto algunas herramientas para crear tu sitio web:

**WordPress** es una de las plataformas más populares para crear sitios web. Es fácil de usar y personalizar, y cuenta con una gran cantidad de plantillas y plugins gratuitos y de pago. WordPress también es muy versátil, lo que significa que la puedes utilizar para crear cualquier tipo de sitio web, desde un blog hasta una tienda en línea.

**Wix** es otra plataforma popular para la creación de sitios web. Ofrece una interfaz intuitiva y fácil de usar, así como una amplia variedad de plantillas personalizables. Wix también cuenta con herramientas de edición visual para arrastrar y soltar elementos, lo que lo hace ideal para aquellos que no tienen experiencia en programación.

 *Busca en Google los nombres de estas herramientas

**Squarespace** es una plataforma todo en uno que permite crear sitios web elegantes y modernos sin necesidad de tener conocimientos de programación. Ofrece plantillas diseñadas para diversos tipos de negocios, así como herramientas de personalización y de análisis integradas.

**Shopify** Si estás buscando crear una tienda en línea, Shopify es una excelente opción. Es fácil de usar y cuenta con una gran cantidad de plantillas personalizables. Además, ofrece herramientas de gestión de inventario y envíos, así como integraciones con servicios de pago y envío.

**Teachable** es una plataforma que permite a los usuarios crear y vender cursos en línea y descargas digitales de manera práctica. Ofrece una interfaz amigable y personalizable, herramientas de marketing integradas y opciones de pago flexibles.

**Google Sites** es una plataforma gratuita de Google que permite crear sitios web básicos. Es fácil de usar y cuenta con plantillas personalizables. Es ideal para aquellos que necesitan un sitio web simple y no quieren gastar mucho tiempo ni dinero en su creación.

HERRAMIENTA
DESTACADA

*Tu estrategia en Redes Sociales*

Ya has creado tu sitio web y tus primeros perfiles en redes sociales, ahora el siguiente paso es realizar una estrategia de contenidos.

## Paso 1: Define tus objetivos

Antes de empezar a publicar contenido, es importante que definas tus objetivos. ¿Qué esperas lograr con tu presencia en las redes sociales? ¿Aumentar la visibilidad de tu marca? ¿Generar más tráfico a tu sitio web? ¿Mejorar el compromiso con tu audiencia? Definir tus objetivos te ayudará a crear una estrategia enfocada en alcanzarlos.

## Paso 2: Identifica a tu público objetivo y define tu buyer persona

Conocer a tu público objetivo es fundamental para crear una estrategia de contenidos efectiva. Investiga quiénes son tus clientes potenciales, cuáles son sus intereses, necesidades  y qué tipo de contenido les motiva a interactuar. Para lograr esto, es importante que definas a tu *buyer persona*, es decir, un perfil detallado de tu cliente ideal. Esto te ayudará a crear contenido específico para tu audiencia y enfocar tus esfuerzos de marketing en los clientes adecuados.

## Paso 3: Elige las plataformas adecuadas

No todas las plataformas de redes sociales son iguales, por lo que debes elegir aquellas que sean relevantes para tu negocio y tu público objetivo. Si tu audiencia está en Instagram y Facebook, enfócate en esas dos plataformas. Si tu contenido es más visual, quizás debas enfocarte en Instagram y Pinterest.

## Paso 4: Crea una estrategia de contenido

Una vez que tengas claro tus objetivos, tu público objetivo y las plataformas que vas a utilizar, es hora de crear una estrategia de contenidos. Define el tipo de contenido que vas a publicar (imágenes, videos, infografías, artículos, etc.), la frecuencia de publicación, el tono, la voz de tu marca, y los temas que vas a tratar. Puedes apoyarte de herramientas como **Canva** para diseñar contenidos de una manera práctica.

## Paso 5: Utiliza herramientas de programación

Una vez que tengas tu estrategia de contenidos definida, puedes utilizar herramientas de programación para planificar y programar tus publicaciones en las redes sociales. Algunas herramientas populares incluyen **Metricool**, **Hootsuite**, **Buffer**, **Later**, entre otras. Estas herramientas te permiten programar publicaciones con anticipación y monitorear el rendimiento de tus publicaciones.

**metricool**

La más económica y con planes gratuitos

## Paso 6: Evalúa y ajusta tu estrategia con herramientas de medición

Finalmente, es importante que evalúes regularmente el rendimiento de tus publicaciones y ajustes tu estrategia en consecuencia. Analiza qué publicaciones generan más interacciones y cuáles no funcionan, y haz ajustes en tu estrategia para mejorar los resultados. Para ello, es recomendable utilizar herramientas de medición como **Google Analytics**, que te permiten medir el tráfico generado desde las redes sociales a tu sitio web, así como también el rendimiento de tus publicaciones en las distintas plataformas.

Con estos pasos, puedes crear una estrategia de contenidos efectiva para tus redes sociales y aumentar la visibilidad de tu marca, generar más tráfico a tu sitio web y mejorar el compromiso con tu audiencia.

Recuerda que si necesitas apoyo con tu marketing digital, en Artek siempre estaremos disponibles para ayudarte.

*www.artekmarketing.com*

# DE ELLAS PARA NOSOTRAS: SECRETOS Y TIPS DE EMPRENDEDORAS EXITOSAS

En este capítulo te daremos un shot de inspiración y motivación, compartiéndote un listado de mujeres emprendedoras para aprender cómo trazaron su camino al éxito.

**Sara Blakely:** Fundadora de Spanx, una compañía que revolucionó la ropa interior femenina que nos deja el siguiente consejo:

*"No tengas miedo de fracasar. El fracaso es solo una oportunidad para aprender y crecer".*

**María Blasco:** Esta bióloga española es experta en la investigación del cáncer y fundó la empresa biotecnológica Telomere Therapeutics.

*" Es importante ser ambicioso en tus metas, pero también ser realista en cuanto a los recursos y el tiempo que tienes para alcanzarlas. Aprende a priorizar y a delegar responsabilidades".*

EL PAÍS

**Ciencia / Materia**

ASTROFÍSICA · MEDIO AMBIENTE · INVESTIGACIÓN MÉDICA · MATEMÁTICAS · PALEONTOLOGÍA · ÚLTIMAS NOTICIA

ENFERMEDADES RESPIRATORIAS >

**Una empresa española desarrollará el primer tratamiento contra la fibrosis pulmonar basado en terapia génica**

Los avances permiten abordar diferentes patologías relacionadas con el ...to de los telómeros y, por tanto, del envejecimiento

**Sophia Amoruso:** Fundadora de Nasty Gal, una tienda de ropa vintage en línea que se convirtió en una empresa multimillonaria. Ella nos dice:

*"Si tienes una idea, comienza hoy mismo. No hay mejor momento que ahora para empezar a crear algo".*

**Laura Behrens Wu:** Mexicana, fundadora de Shippo, una plataforma que ayuda a las empresas a gestionar sus envíos y que ha conseguido una gran inversión en Silicon Valley.

*"Nunca te rindas y no tengas miedo de pedir ayuda o consejo cuando lo necesites. También es importante estar dispuesto a aprender de tus errores y a adaptarte a las necesidades del mercado".*

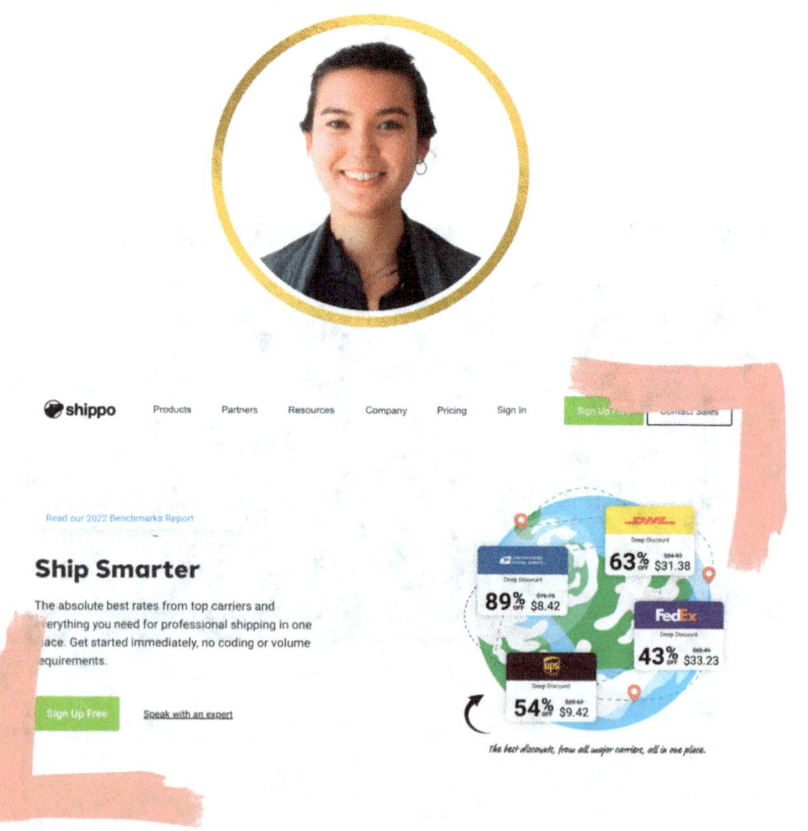

**Jessica Alba:** Fundadora de The Honest Company, que ofrece productos seguros y naturales para bebés y hogares.

*"Mantén tus estándares altos, incluso cuando nadie está mirando. La consistencia es clave para el éxito a largo plazo".*

**Whitney Wolfe Herd:** Fundadora de Bumble, una popular aplicación de citas y red social que ha desafiado las normas de género en la tecnología.

*"Aprende de tus errores y no tengas miedo de pedir retroalimentación. La crítica constructiva puede ayudarte a mejorar y crecer".*

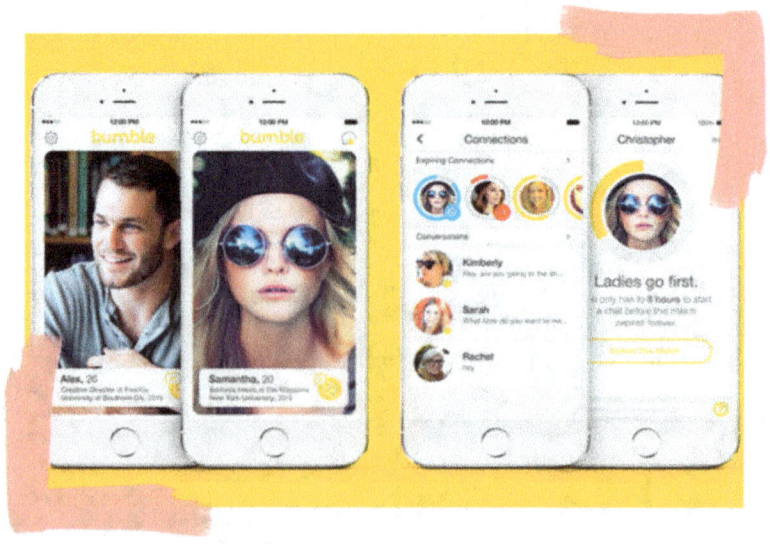

**Susana Balbo** - Es la fundadora de Susana Balbo Wines, una de las bodegas más importantes de Argentina que exporta sus vinos a más de 40 países.

*"Mantén tu visión a largo plazo y no te desanimes ante los obstáculos. También es importante ser disciplinado y trabajar duro para alcanzar el éxito".*

**Gabriela Enrigue** - Empresaria Mexicana fundadora de la plataforma de educación en línea Laboratoria, que ayuda a mujeres a desarrollar habilidades digitales y encontrar trabajo en el sector tecnológico.

*"Sé innovador y creativo en la forma en que abordas los problemas. Busca soluciones diferentes y originales para destacar en un mercado cada vez más competitivo".*

< Laboratoria >   Quiénes somos   Contrata talento   ES▾

Laboratoria impulsa a mujeres que sueñan con un futuro mejor a comenzar y crecer una carrera transformadora en tecnología.

**Bedy Yang** - Es la cofundadora y directora general de 500 Startups, una aceleradora de empresas Brasileña que ha apoyado a más de 2.000 startups en todo el mundo.

*"Sé innovador y creativo en la forma en que abordas los problemas. Busca soluciones diferentes y originales para destacar en un mercado cada vez más competitivo".*

**Oprah Winfrey** - Fundadora de su propio imperio de medios de comunicación, incluyendo la revista O, la red de televisión OWN y su famoso programa de entrevistas.

*"Sigue tu pasión y confía en tu intuición. A veces, tomar un riesgo puede ser la mejor decisión que puedas tomar"*

# CAPÍTULO 8

# REFLEXIONES FINALES Y PRÓXIMOS PASOS.

A lo largo de este libro, hemos tenido la oportunidad de conocer los pasos para crear tu propio negocio, desde la generación de ideas, estudio de industrias, branding, marketing, hasta conocer las historias de algunas de las mujeres emprendedoras más exitosas de nuestro tiempo. Desde México hasta Argentina, y desde España hasta los Estados Unidos, estas mujeres han demostrado que el éxito en los negocios no está limitado por el género o la nacionalidad. Cada una de ellas ha enfrentado desafíos y obstáculos únicos, pero todas han encontrado la fuerza y la determinación para superarlos y alcanzar el éxito.

Lo que se destaca en estas historias es el coraje y la determinación que han demostrado. Han tomado riesgos, han luchado contra la adversidad y han enfrentado desafíos que muchas veces han sido mayores de los que enfrentan sus colegas masculinos. Pero no han dejado que nada las detenga.

Todas estas mujeres, han aprendido de sus experiencias y han utilizado esa sabiduría para crecer y mejorar en su camino hacia el éxito. Han aprendido a ser flexibles y a adaptarse a los cambios, a mantener su visión a largo plazo, a enfocarse en sus metas, a trabajar duro y ser persistentes. Han aprendido a ser innovadoras y a pensar fuera de lo común, a escuchar a sus clientes y a mantener la calidad de sus productos y servicios por encima de todo.

Pero quizás lo más importante de todo es que estas mujeres han demostrado que el éxito no tiene que ser un objetivo solitario. Han aprendido a trabajar con otros, a construir equipos sólidos y a cultivar relaciones sólidas con sus socios, empleados y clientes. Han demostrado que el éxito puede ser compartido y que todos pueden beneficiarse de un enfoque de colaboración y apoyo mutuo.

El éxito no tiene límites para quienes están dispuestos a trabajar duro, tomar riesgos y aprender de sus experiencias. Ellas nos recuerdan que el coraje, la determinación y la perseverancia son las claves para el éxito en los negocios, y que el trabajo en equipo y la colaboración, pueden llevar a logros aún mayores.

Espero que este libro inspire a muchas mujeres a seguir sus sueños, a enfrentar los desafíos, tomar ese paso y crecer como emprendedoras para crear un futuro aún más exitoso, feliz y sostenible para todos.

*"El éxito en el emprendimiento no se trata de tener una idea brillante, sino de hacer algo con ella." - Sheryl Sandberg*

# LISTADO DE HERRAMIENTAS Y ENLACES ÚTILES

A continuación te comparto un listado de herramientas útiles que te ayudarán en diferentes áreas de tu negocio. La mayoría cuentan con planes gratuitos para que puedas comenzar a utlizarlas en un par de clicks.

## Administración/ Gestión de proyectos

*Ofrece soluciones de marketing, ventas y servicio al cliente. Cuenta con CRM, herramientas de automatización de marketing, email marketing, herramientas de análisis, seguimiento de clientes potenciales, entre otras.*

*Herramienta de gestión de proyectos en línea que utiliza tableros, listas y tarjetas para ayudarte a organizar y priorizar tus tareas y proyectos de manera visual y colaborativa.*

*Herramienta de gestión de proyectos y tareas en línea que te permite planificar, organizar, delegar y dar seguimiento a tus proyectos en tiempo real.*

Clockify es una herramienta de monitoreo del tiempo en línea que te permite dar seguimiento y registro de tus horas de trabajo, proyectos y tareas de manera fácil y eficiente.

## Creación de Sitios Web

Shopify es una plataforma de comercio electrónico en línea que te permite crear una tienda virtual y vender productos en línea.

Teachable es una plataforma para crear y gestionar cursos en línea y venderlos a tu audiencia.

*Wix te permite crear y personalizar sitios web con una amplia variedad de plantillas y herramientas personalizables*

## Dominios, Hosting y Seguridad Web

*Plataforma para registrar y administrar nombres de dominio de sitios web a costos muy económicos, así como servicios de alojamiento web, correo electrónico y seguridad. Cuenta con herramientas de diseño web, logotipos y comercio electrónico para crear sitios de manera rápida y sencilla.*

*SSLs.com ofrece certificados de seguridad SSL para sitios web y protección de datos a precios muy económicos.*

*Roboform es una herramienta de gestión de contraseñas que permite almacenar de forma segura y cifrada contraseñas, información de tarjetas de crédito y otros datos sensibles en múltiples dispositivos. Además, puede autocompletar formularios en línea y generar contraseñas seguras.*

*Es una herramienta que te permite comprar, vender y recibir pagos en Croptomonedas como Bitcoin, Ethereum, Solana, entre otros.*

# Marketing Digital

Metricool es una herramienta de análisis y gestión de redes sociales. Permite monitorizar y analizar el rendimiento de tus cuentas, programar publicaciones en diferentes plataformas, medir la efectividad de tus campañas, hacer seguimiento de tus competidores, entre otras funcionalidades. Además, cuenta con una interfaz fácil de usar y una gran cantidad de recursos para optimizar tus estrategias de social media.

Permite a los usuarios crear chatbots personalizados para interactuar con los clientes en plataformas como WhattsApp, Instagram, Facebook, así como enviar mensajes automatizados, programar campañas de marketing y más. Con ManyChat, los usuarios pueden crear flujos de conversación personalizados que pueden ayudar a aumentar la participación del usuario y mejorar la satisfacción del cliente.

## Search Engine Optimization

*Es una herramienta de investigación de palabras clave que proporciona una lista de preguntas y frases relacionadas con una palabra clave específica. Estas preguntas y frases pueden ser utilizadas para crear contenido relevante para los usuarios.*

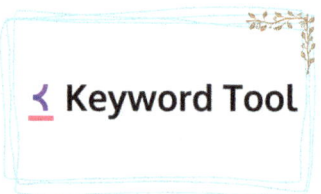 

*Herramienta de investigación que proporciona sugerencias de palabras clave basadas en la búsqueda de los usuarios en Google y otros motores de búsqueda. Esto permite a los usuarios encontrar palabras clave relevantes para su negocio o sitio web y mejorar su posicionamiento en los resultados de búsqueda.*

*GetResponse es una herramienta de marketing por correo electrónico que permite a los usuarios crear y enviar correos electrónicos de manera eficiente.*

"El éxito no es la clave de la felicidad.
La felicidad es la clave del éxito.
Si amas lo que estás haciendo, tendrás éxito."